당신을 위한 현(絃)의 노래

문학공원 시선 221

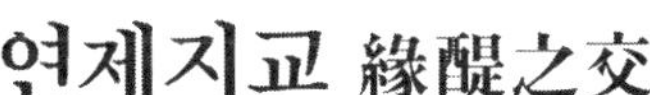

연제지교 緣醍之交

어찌하오리까 이렇게 아름다운 우애를 고맙고 고맙구려
연제지교라 하여 시향 아래서 놀아보자고요

아해 & 솔닮 시집

당신을 위한 현(絃)의 노래

문학공원

시 한 잔 하자

아 해

지금 비가 오고 있어
너를 그리며 시를 마신다

한 잔으로는 안 되고
시에 완전 절을 작정이다
이유는 없어
그냥, 비가 오니까

비처럼
커피처럼
시 한 잔 하러 올래

시 한 잔 하러 갑니다

솔 닮

시가 있구려
비도 그냥 비요
그리고 커피

시 한잔하러 간다오
시도 그냥 시와 비와 커피
멋진 날이잖소

날마다 오는
쓰레기 수거차에
오늘 던져 볼까
아니다 하루만 더 있다가

오늘은 아니요
시 한 잔 하러 가는 날이요
혹시나 행여나 그런 날이요

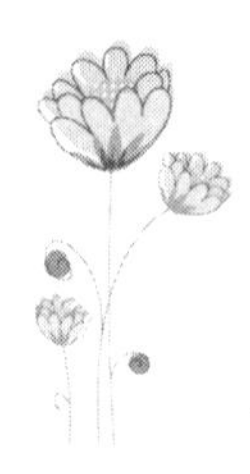

〈서문〉

우정과 사랑 사이, 그 가파른 언덕의 권학가(勸詩歌)

김순진(문학평론가 · 고려대 평생교육원 교수)

이성 간에 우정이 존재할 수 있을까? 많은 사람들은 남녀 간에는 우정이 존재하지 않는다고 말한다. 이성은 진정한 친구 사이가 될 수 없다고도 한다. 그러나 그것은 한 가지 측면을 두고 한 말이다. 남녀 간의 우정은 두 사람의 능력을 지극히 성장시킬 수 있다.

솔닭 시인과 아해 시인, 두 분 다 내가 잘 아는 시인들이다. 그들은 결코 남들에게 부끄러운 일을 범하지 않을 분들이다. 그리고 서로의 가족을 존중하고 서로의 삶을 존중하는 분들이다. 두 분은 한 문학지에서 함께 등단한 시인이다. 그리고 두 분은 우연한 기회에 인터넷이나 문자로 송시, 답시를 시작했고, 서로에게 힘이 되어주며 서로의 시심을 키우고, 시적 능력을 향상시키고 있다.

처음 나는 이 시집의 출판을 의뢰받고 조심스러웠다. 과연 서로 가정이 있는 남녀가 같이 공동시집을 낸다는 것이 타당할까? 그러나 정작 당사자들은 전혀

부끄러움이나 주저함이 없었다. 그것은 서로의 가족에게 부끄러운 행동을 하지 않았다는 자신감으로 읽혀졌다. 그래서 나는 시집을 출판하기로 결정했다. 남자 시인끼리의 시집이나, 여류시인끼리의 시집은 내도 되고 이성 간의 시집은 안 된다는 논리는 진정한 학문탐구에 있어 걸림돌이다.

진정한 친구란 이성과 나이, 국경과 장애를 넘어설 수 있어야 한다. 우리는 할아버지와 50년 이상 차이가 나는 이웃집 손자의 우정 이야기를 봐왔다. 이 두 사람처럼 진정으로 정신적인 친구가 될 수 있다면, 그 두 사람이 지향하는 목표, 즉 시의 작품성과 숫자는 폭발적으로 늘어날 수 있는 가능성이 있는 것이다.

맑은 술을 정제하는 마음으로 정성을 다한다는 뜻의 연제지교라 하니 두 사람이 얼마나 시에 정성을 다했는지 알 것 같다. 이 시집은 단순히 서로에게 사랑을 고백하거나 무료함을 달래기 위한 시를 쓰는 것이 아니라, 얼마나 시적인가, 얼마나 문학적인가에 중점을 둔다. 두 사람의 영혼이 집약된 이 시집이 황진이와 서화담이 주고받았던 송시와 답시처럼 훗날 우리 시사에 길이 남게 되길 기대한다.

송시 답시 시집 『연제지교, 당신을 위한 현의 노래』 출판을 진심으로 축하드린다.

차례

1부. 연제지교(緣醍之交)

2부. 그리움의 모순

차례

3부. 사랑의 비가 오네요

4부. 바람이 분다

차례

1부

기다리는 나무

송시

연제지교(緣醍之交)

솔 닮

어찌하오리까
하늘의 별이 곱다고 하나
별보다 고운 정 詩 우정을

세상 어떠한 우애가 있어
별 것 아님도 별 것이게 하는 우의를
만들 수 있을까 싶소

시의 눈과 마음으로
만들어주신 우정이
관포지교나 오성과 한음보다 못하지 않나니

어찌하오리까
이렇게 아름다운 우애를
고맙고 고맙구려

연제지교라 하여
시향 아래서 놀아보자고요

PS :
화연 시인님의 연, 제발의 제
緣醍之交
인연 연
맑은술 제
다정하고 허물없는 교제

맑은술의 의미는 깨끗하고 정갈함으로
정성을 다한다는 뜻으로 살펴서 이해하옵소서

맑은 시향 맑은 술로 만나는 우정 인연이면
좋을까 싶어 청하옵나이다

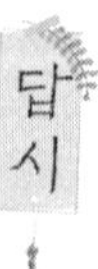

세상에 이런 일이(緣醍之交)

아 해

緣醍之交

내 살다 보니
별의별 인연을 다 만나오
緣醍之交라…
듣던 중
내 생애 최고의 제안이라
어안이 벙벙하다오
어찌 그 제안을 마다하리오
부족한 나를
연제지교의 인연으로 맺어주신다고 하니
가슴이 벅차나이다

緣과 醍가 등불이 되고 다리가 되어
이 험한 세상 건너가 봅시다
가다가 싫증 났다 하여 버리면 아니 되오
그럼에도 불구하고
정 싫증이 나서 견디기 힘들면
그때는 이 우정 끊어도 되오

내 큰마음으로 허락하리라

緣醍之交의 인연으로
시의 열반(涅槃)에 들어가 봅니다

Let's go 緣醍之交 from now on!
2021년 12월 25일
오늘부터 첫날이외다
시에 입문한 지 얼마 안 되는 병아리이니
잘 지도편달해주시길 바랍니다

송시

꽃이나 사람이나

아 해

산다는 건
화무십일홍(花無十日紅) 같은 것

삶의 터널을 지나면서
입구에선 아득히 멀고
출구에 오면 순간에 지나간
일장춘몽인 것을

청춘 때에는
하루가 일 년 같더니만
인생 후반전이 되니
일 년이 하루 같이 느껴지고

삶이 다하는 그날에
나는 무엇이라고 말하려나

아마도 "인생은 찰나였다"고
말하지 않을까

꽃도 사람도

솔 닮

지켜주고
눈길 줄 때
의미가 되었다오

어여쁘다
이쁘다 한 것 같은데
보이지 않고

청춘이구나
좋다고 했는데
낙엽과 같았소

꽃이었던 때가
청춘이었던 때가
언제지교가 있었음에

꽃도 사람도
행복하여서이다

송시

비처럼

아 해

비가 내리는
지금, 이 순간에
보고 싶은 사람 있어
소나기 맞듯이
그 사람을 기다립니다

안 올 사람인 걸 알면서도
비를 좋아하던 그 사람을
비처럼 소나기처럼 기다립니다

비가 오면
그 사람이 내 곁에
비처럼 내렸으면 좋겠습니다

비요 떡비요

솔 닮

여름비는
잠비라오

가을비는
떡비라 한다오

백설기에 검은콩을
옹기종기 뿌려 쪄내어
하얀 미소 그대와
도란도란 마주하여
요기 하고 싶은 날이요

비요
떡비 오는 날에 말이요

딱히 할 말이 없어도

송시

그리움

아 해

구름 따라
그리움도
흘러가면 좋으련만

그리움은
홀로 남아
마음에 자리하고
떠나지를 못하네

답시

이름

솔 닮

그리움을
그리워하지 말자고 해놓았는데
그리운 대로 이름 붙여놓고
불러 봅니다

그립다
그리워
그립네
그립군
그립지
네
네
네
그립다오

인연의 끈 놓지 않게 살펴주소서

아 해

사랑하기에
사랑해서는 안 되는
운명을 거부했던 로미오와 줄리엣

첫눈에 사랑할 운명임을 알았지만
사랑해서는 안 되는 운명의 연인
불 속마저 뛰어들 수 있는 사랑은 시작되고

하늘이 내려준 귀한 인연이라 여겼는데
사랑을 막아서는 암초를 뽑아내지 못한
어리석은 나의 로미오와 줄리엣

사랑은 타이밍~
신부의 편지를 받았더라면
줄리엣의 장례식에 조금만 늦게 도착했더라면
비극적인 사랑으로 끝나진 않았을 것을…

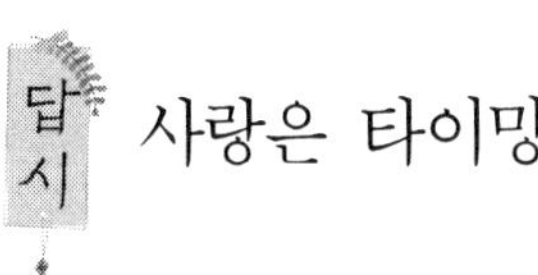

사랑은 타이밍

솔 담

빨라도 늦으셔도
아니 되어요
아시죠 언젠지

그날에 그 순간에
오셔야 해요
그날 그때처럼

커피와 라면에다
임께 무엇을
채워 드릴까요

오세요 늦지 않게
빠르지 않게
다 내어 드리죠

내 맘도 내 사랑도
당신에게만
모두 드릴게요

송시

달빛 愛

아 해

달빛이 시려서
잠 못 드는 밤

밤의 적막을 뚫고
내려오는 달의 여신
어떻게 거부할 수 있을까

달이 나를 위해 노래하고
말을 걸어오는 밤에

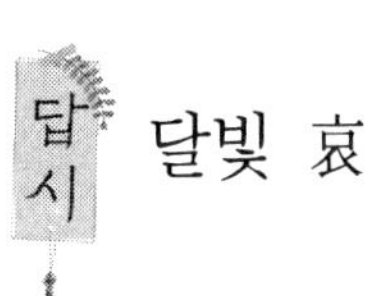

달빛 哀

솔 닮

곱다
고와서 슬프다

차갑다
차가워 슬프다

내게로 폈다

내게서
내게서 떠났기에 슬펐다

달은
달빛은 오기도 전에 가버렸다

기다리는 나무

아 해

꽃 피는 봄
품으로 날아와
정주고 날아가 버린 새
어디로 갔을까

여름 지나
가을 되어도 보이지 않고
어디로 간 걸까

그리운 새
하염없이 기다리다
아픈 마음 마른 잎새 되고

그리움
눈물 되어 떨어지는데

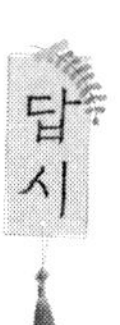

기다리는 나는

솔 닮

네가 별일 때도 나무일 때도
작은 눈썹달일 때도 기다렸어

봄부터였을까
겨울 오도록 기다리는 나는
나무도 별도 눈썹달도
모두 보내고 혼자네

혼자서 기다리는 나는
결국 그리움도 기다리고 말았어

그리움이 너인 줄 알았어
그리움은 너였어

송시

의성어와 의태어, 그리고 그대를 위하여

솔 닮

주르륵주르륵 흘러내리는
불행에 온몸이 젖어
눈물이 훌쩍 훌쩍여
가슴도 적십니다

먼 소식에 들려오는
그대 행복한 미소가 있어
나는 마른침 꿀꺽꿀꺽 삼키고
내심 아무 일 없다고 시치미입니다

그대가 행복하시다면
슬픔을 쓴 커피에 타서
홀짝홀짝 마시면서도
나는 나에게 괜찮다고 위로합니다

사그락사그락하며 찾아드는
추억들을 보듬어 안고
그대에겐 추억이 아니라 하여도
내겐 추억이어서 다행입니다

〈

와그작와그작 구겨져 구석 자리한 기억들도
그대와 함께였다면 소중한 것이 되기에
그대의 행복만 존재하기 위해
나의 행복쯤은 와장창 와장창 깨져도 좋습니다

부디 행복하소서
한때는 내 영혼이었던
그대여

당신을 위한 絃의 노래

아 해

살포시 얼굴을 스치는
하늘하늘한 봄바람처럼
살며시 스며들어온 사람 있어
콩콩 쿵쿵 뛰는 심장 소리…
아마도 사랑인가 봅니다

사그락거리며
밤새 쌓인 눈 밟는 기분처럼
가슴에 결결이 행복이 쌓이는 중입니다

당신과의 소중한 추억이
스멀스멀 스며드는 땅거미처럼 번져오고
때로는 아지랑이처럼 피어오르는 안개에
어느 날 문득
심연으로부터 행복이 올라옵니다

살면서 차곡차곡 쌓여온 추억도 있고
햇살에 반짝이는 윤슬처럼
눈시울 적시던 행복도 있지만

가슴에 박힌 그대가 없다면
그대가 없다면
추억도 행복도 모두 갈기갈기 찢겨진
휴짓조각일 뿐입니다

사그락거리며 쌓이는 눈처럼
가슴에 송골송골 알알이 맺혀 있는 것은
당신 얼굴입니다
가슴에서 활짝 봄꽃 피듯이
피어날 것을 알기에
칠흑 같은 이 밤도 내게는 행복입니다

송시

자서전 · 1

솔 닮

살아온 나이 순서대로
가슴에 점 하나 찍었을 때마다

용띠로 태어났다
여의주를 물지 않아서일까
축복받았다는 기억은 없다

사춘기
나도 질풍노도였다
꿈도 개꿈만 꾸고
배는 왜 그렇게 고팠는지
소원이
갈빗집 가서 갈비 1인분 추가 요를
원 없이 외쳐보고 싶은 거였다

청년기
해탈을 꿈꾸고 믿음을 꿈꾸며
무소의 뿔처럼 혼자서 살고 싶었고
세상에 유일한 힘이 진실인 줄 알았다

가족이 생기면 쓰려고 가훈을 정했다
가훈:진실 앞에서는 모든 것이 고개 숙인다

結婚期
남들 하니 나도 했나
사랑으로 몸살을 앓았나
짐을 세 짐이나 지게 되었다
가훈을 써먹기 시작했다

사추기
모든 것이 허무하게 느낀 시기다
'인생은?'이라고 가슴에 새겨 넣었다

반사반취(半捨半取)
술도 반사반취다
죽음도 반사반취라고 생각했다
가슴에는 NO CPR이라고 문신도 했다
제발 제발 나 좀 어떻게 해달라고
제발이라고 했다 아호를

오추기
이태백이 되고 싶었고 백석 백기행이 되고 싶었다
밝은 달에서 놀고 싶었고
도라지꽃이 좋아 돌무덤으로 간

여승의 딸이 슬프게 이뻤던
그래서 시인되고 싶었다
주선 취선이라 했건만 금주를 했다

오추기 후반
죽었었다
환생이 아닌 소생했다.
사랑을 새롭게 배워간다
시인이 되고 싶어 몸살 난 듯 사는데 될까 싶다
안돼도 반사반취라 내 글은 남을 것이라 믿는다
시꽃인에서 시인이라고 불러 주신다
고맙다

여기부터는 희망으로 적는 자서전이다

육자다
욕 안 하고 싶다
욕 나오지 않게 살고 싶다
가난하지만 영혼은 부자가 되고 싶다
과연 가난한데 영혼이 맑을 수 있을까 싶다
이쯤에서 가슴에 새겨넣은 문신의 희망을 건다

칠자다
더는 쓸 것이 없었으면 좋겠다

줄 것이 없기에 그럴 것이다

팔자다
인생사 팔자려니 하고 산다
개 팔자가 상팔자가 드디어 이루어졌다
개가 왕 된 것 같은 세상이다
개 발바닥도 못 따라가겠다 늙어서인가 보다
뒤웅박 팔자는 변하지 않음을 안다
소도 비빌 언덕이 있어야 비빌 터
무엇이 두려우랴 팔자가 그런 것을

구자다
여기까지 뭐하러 왔냐 묻는다면
20세기 항생제와 X선의 힘과
그리고 대한민국의 요양병원과 요양원의 힘이라고
감사패를 줘야 할지 죽지 않을 정도로 패줘야 할지
패자를 놓고 고민 들어간다

백자다
논할 가치가 없다
어려운 일이다

* 반사반취(半捨半取) : 반은 버리고 반만 함께한다.

답시

자서전 · 2

아 해

한참을 들여다보고 또 보고
시우의 모습이 떠올라
마음이
가슴이
진동을 치던 날

현실 앞에
진실하기 어렵고
가난 앞에
맑은 영혼 어렵고
타고난 팔자
뒤집기 어렵고
비빌 언덕 없는 소
살아가기 어렵고

세상이
하 수상하여
진실이 진실로
빛을 내기 어려우나

이 세상에
단 한 사람만이라도
진실을 알아준다면
살아야 할 이유가 충분한 것을

시우여
그대의 아픔을
아는 사람 하나 있고
빈한 언덕이지만
보듬어 주는 사람 있으니
서럽고 더러운 세상일지라도
눈 딱 감고
가슴으로 살아갑시다

모든 일에는
인연이 있고
시절 인연이 있어서
때가 되면 이루어지는 것을

송시

신호등

솔 닮

운전 중이외다
신호등이란 녀석 요렇게 꼬시는데
깜빡깜빡 갈까 말까 판단이 어렵더이다
살다가 치매란 녀석도 깜빡깜빡 꼬시는데
가는 게 맞는지 안 가는 게 맞는지
황천길 말이외다

신호등도 깜빡깜빡 인생 치매도 깜빡깜빡
나의 삶도 건망증이 점점 늘어만 가는 깜빡깜빡
정신 차리려 해도 이미 정신 놓아 버린 지 오래

깜빡깜빡이 맘에는 아니 들지만
그래도 두 눈이 자꾸자꾸 깜빡이는 것은
그대 모습 보고 싶어서라오
눈 감으면 볼 수 없기에
눈 뜨려고 깜빡이니 그건 괜찮소

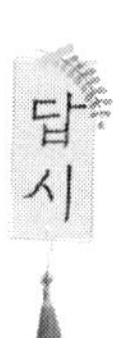

꼬신다고 가면 아니 되오

아 해

길이 전부 길이 아니듯이
깜박인다고 전부 신호등이 아니오

할까 말까 할 때는 하라고 하지만
깜빡깜빡할 때는 멈추라는 것
보고 싶은 그대를 생각하면서
정신줄 꽉 잡고 잠시 멈추어야 하오

가다가 피곤하면 쉬어 갈 줄도 알고
깜박이면 유혹의 손길일 수도 있으니
눈을 감고 사랑스러운 그대를 부르소서

개똥밭에 굴러도
저승보다는 이승이 낫다 하니
깜빡이한테 홀리지 말고
정신 똑바로 차려 그대 품에 안기소서

송시

르네상스의 부활

솔 담

승자의 깃발 아래 울림은
야유였을까 환호였을까
차마 두 눈으로 볼 수 없어
한 눈으로 보았다

가식과 거짓이 승자인 세상에서는
살아갈 이유가 없다
진실인 세상에 살고 싶어
진실이 부활한 르네상스를 꿈꾼다

오라
다시 또 오라 진실의 르네상스여
가식 가득한 승자의 깃발은
결국 진실의 깃발 아래일 것이다

답시

진실 or 거짓

아 해

거짓은
여러 개의 가면을 쓰고
여러 개의 가면을 써야 편하다

진실은
가난하여 가면이 없으니
진실이 가면이 된다

눈보라 휘날리고
폭풍우 치는 날이 오면
진실은 땅으로 뿌리되어 내리고

눈보라 멈추고
폭풍우가 걷히면
진실은
꽃으로 피어나고 열매를 맺을지니

진실은 진실로 빛날 것이다
진실만이 아는 매력이다

송시

별

솔 닮

별 없는 밤에
너는 별이었다

달 없는 밤엔
그리움이었다

사랑이
별이 되고 달이 되었을 때

아무것도 없는 검은 하늘에 홀로 남겨진 나는
저 혼자만 외로워했다

도도한 별

아 해

아니 아니에요
외로워 말아요
도도한 별이 있잖아요

밤하늘에서
가장 빛나는 별
달 옆에 딱 달라붙어 있는
나의 '도도한 별'

달을 지켜주는 '도도한 별'
그게 바로 내별이에요

달과 별은 우주 한 자락에 집을 짓고
하늘에 사랑의 별자리 생겼다

2부
그리움의 모순

송시

라면 예찬

솔 닮

한 끼니로는 최고다
적당히
배고픔도 면피해주고

술안주 삼아
한 젓가락 길게
목젖으로 넘길 때 짜릿함이라니

밥 친구 술친구 없을 때
친구 하기 딱 좋다
이렇게 흐리고 비 오는 날에도

함께 해본 者는 안다
라면의 설움과
라면의 행복을

라면 대신 사랑을

아 해

배고픔을 라면으로 때운다 했소
허전함에 라면이 웬 말이오
'사랑의 애드벌룬'을 띄울 테니
라면 대신 불타는 사랑을 드시오
일 년 내내 배고프지 않을 것이오

송시

가을의 고독

아 해

가을의 풍요로움으로
겨울의 고독을 즐기는 삶

고독의 섬에서 찾아야 할 그 무엇을 위해
나만의 숲으로 들어간다

진정한 고독은 자유를 향해 나아가는 것
'자유를 위한 고독'
그것이 나의 고독이다
풍요로운 나의 가을이다

가을이 고독한 이유

솔 담

시인 구르몽은 낙엽에게 질문을 하고
시몬은 대답을 안 합니다

좋으냐고 애타게 묻지만
시몬은 낙엽 밟는 소리를 못 들어서
대답을 못 할 겁니다

나는 압니다
가을이 고독한 이유를
낙엽 밟는 소리가
고독하기 때문입니다

밟을 때마다
고독이 부서지는 소리가 납니다
고독이 부서지는 가을은
점점 더 고독해집니다

송시

그리움

아 해

1.
그리워
애가 타게 그리는 임은
언제나 오려나
오늘 밤 오시려나
잠 못 이루고 기다리는 여심
하늘에 떠 있는 달
님의 얼굴로 보이는 날일세

2.
눈이 오는 날 눈을 맞으며
당신의 초롱한 눈을 마주 보렵니다
첫눈 오는 날
당신에게 달려가
당신의 눈 속에 있는
눈을 보렵니다

그리움의 모순

솔 닮

부러 드러내놓지 않습니다
아닙니다
못합니다

나는 당신을 애모하나
마음을 헤아리지 못하기 때문입니다

그래도
부러 드러내놓고 갑니다
당신에게로
向 하는 그리운 마음을

먼 훗날
혹여 헤아려 뒤돌아봐 주실까 봐
마음을
들키지 않게 드러내어 봅니다

송시

무소식이 희소식이어라

아 해

어둠 속에 홀로 있는 것처럼
한 줄의 소식도 없는
무통의 날들이 먼지처럼 쌓여
괜찮다 별일 없다
마음 달래며 헤일 수 없는 날들이 가고

이제나저제나 소식 올 날 기다리고 기다리니
망부석 같은 마음에 몸마저 굳어가네
기다림 외에 방도가 없으니
설움을 모두 토해내어
흐르는 구름에 물어보니
구름마저 모른다 하네

걱정으로 답답한 내 마음
그대는 아시려나
나의 기도 들으시어
마음의 빈들에 번민을 내려놓고
소소한 일상으로 돌아가길 기도하나니
내 작은 기도 그대에게 전해주소서

천사에게 SOS신호를…

아 해

삶이 나락으로 내려 앉고
협곡으로 끝없이 떨어질 때
천사에게 SOS 신호를 보내셔요

끝없는 나락과
깊은 협곡으로 떨어지면
천지 분간이 어려워 혼자 헤매어
지옥으로 들어가지 않게 빛을 찾으세요

'구하라 그리하면 찾을 것'이라 하니
희망의 줄을 잡고 수렁에서 나와서

한없이 나락으로 추락할 때
당신 곁에 수호천사가 있으니
침묵의 땅으로 가기전에 SOS를 보내셔요

송시

주인 있는 별

솔 닮

별마다
주인이 있다고 하더이다

별마다
이름 붙여놓았다고 하더이다

하여
내 별은 없다고 하더이다
그래도
그대가 별을 따주라 하시면
내가 별이 되리다
그대를 위해
하늘에 가야 한다면
마다하지 않겠나이다

오늘 밤이라도
별이 되고 싶은 밤이오
그대를 위해

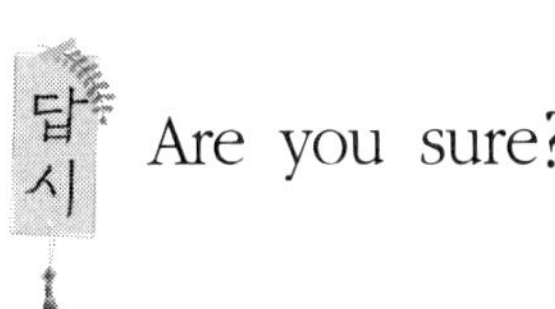

Are you sure?

아 해

별을 따다 주신다 하니
감동 백만 개입니다

기다려 보렵니다
별을 들고 오실 날을

동백꽃처럼 따다가 안 되면
그냥 오셔도 됩니다

그대 자체가 별이니까
내게는 그대가 별입니다

송시

기도

솔 닮

다른 것은 몰라도
배고프지 않게 해주소서

특히나
사랑 고프게 하지 마소서

잘할 테니
잘해볼 테니

배고프거나
사랑 고프게 하지 마소서

그대의 기도

아 해

배가 고파도
사랑이 고파도
살기가 어려운 일이라
인간의 최대 난제이니

배고프면 육신이 고달프고
사랑 고프면 영혼이 허하니
밥도 사랑도 너무나 중요한 일인 것을

별을 따다 주시면
별로 밥을 지어 먹고
별로 영혼을 씻어 사랑하리다

별처럼 시가 되어 귀하게 온 사람
배고프면 아니 되고
사랑 고프면 아니 되기에
그대의 기도 내 안에 있음을

송시

눈물

솔 닮

어둠으로 채색된
조용한 밤이야

시선이 머무는 곳마다
너를 초대했어

눈이 말썽인지
희뿌옇게 보여 네 모습이

눈물 때문인가 봐 희미하게 보여
울지는 않았거든

하얗게 미소 짓던 네가 보고 싶은 밤
눈물은 왜 날까
울지도 않는데

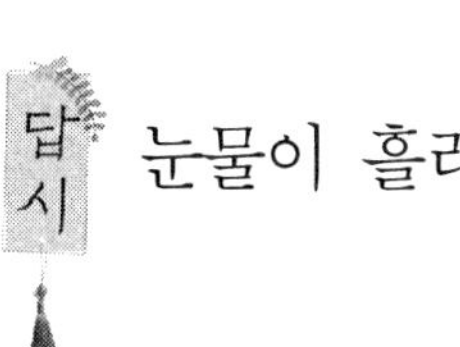

눈물이 흘러

아 해

있잖아, 간절히 보고 싶으면
그리움이 가득 차서
네 눈 속에 내가 있어서
울지 않아도 눈물이 흐르는 거야

까만 밤이 찾아오면
보고 싶어 그리워지고
보고픈 얼굴이 떠오르면
눈물이 하얀 미소를 덮게 되지

까만 밤이 오면 설레던 하얀 미소가
울지도 못하는 외로움이
울지 않아도 눈물이 되는 거래
보고 싶다, 그렇지…

오늘의 사랑은 너로 정했다
너는 詩가 되고
빛이 되고 기쁨이 되고

송시

로또 인생

아 해

내가 원하는 선택권을 갖고
시작된 생이 아니라
복불복으로 출발한 인생이다

사랑도 알 수 없지만
인생도 알 수가 없다
노력도 중요하지만
유전이 삶의 많은 부분을 지배한다

내 인생의 로또는
인생의 대 변환점일까
안 맞아도 정말 안 맞는 진상일까

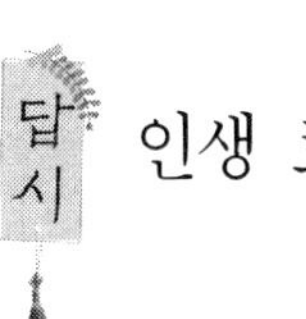

인생 로또

솔 닮

인생이 로또라오

태어나기
어려운데
태어났으니 로또요

로또 당첨만큼
살기 어려우니 로또요

이왕 사는 거니
혹시나 하니 로또라오

* 사는 거
1. 삶을 사는
2. 로또 사는(구매)

송시

세월아, 아다지오로 가자

아 해

제트기처럼 지나간 세월과
주워 담을 수 없이 흘러간 시간

세월아
숨 좀 쉬고 가자
태양이 녹슨다더냐
세월이 좀먹는다더냐

아다지오로 가거라
빠르게 뛰던
천천히 걷던
종착역은 한 곳인데

이름 모를 들꽃도 보고
흘러가는 구름 위에 몸 실어
주변을 둘러보면서 가자

세월

솔 닮

세월
너만 빠른 줄 알았더냐
내 인생도
빠르기가 너와 같아
얼추
환갑이 코 앞이로구나
인생
육십갑자 살았으니 되었다
좋다
괜찮다

* 追書
스승 같은 詩友만났으니
더할 나위 없이 좋은 삶이었다오

송시

달빛 愛

아 해

달빛이 입맞춤해오면
몸서리치게 황홀한 밤은 온다

달빛에 영혼이 다 타들어 가도
이유 없이 그저 좋은 밤

우주에서 오는 달빛의 기운에
떠나보낸 사랑을 맞이하고

달빛에 하얗게 태운 밤
사랑해야 할 무엇이 남아있어
달빛을 놓지 못하는 것일까

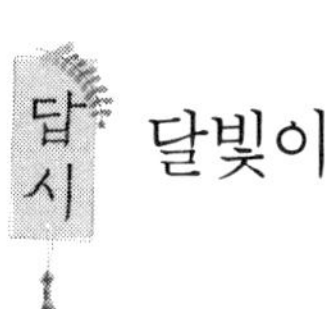

달빛이

솔 담

달빛이
애처롭구나

내 마음이
애처로운 게냐

달
네 마음이 애처로운 게냐

그런 거였구나
네 마음이나 내 마음이나
애처로운 거였구나

애처로움이 너무 밝아
처연하니
달主 불러 火酒 한 잔 하세
그리하여
뜨거워지세

송시

연애편지를 씁니다

솔 닮

임아!
연애편지는 밤에 쓰고 낮에 부치라고요
어찌 그런 말씀을

온밤 그대를 생각 하나이다
별 없는 밤엔 별이 빛나는 거죠
그대의 별 같은 눈을 생각하니 별이 반짝이고
달 없는 밤에도 고운 달빛이
서너 뼘 남짓한 창문을 타고 흐릅디다.

밤에 전등을 끄고 가만히 바라보면
어둠 속에서 그대 모습이
별빛과 고운 달빛과 함께
나의 두 어깨에 내려앉아
토닥토닥해 주더이다

손안에 휴대전화로 편지를 씁니다
그대에게 보낼 요량으로 연애편지를 씁니다

세상일들을 알 것도 같고 모를 것도 같은 나이면서
살아온 날보다 흰 꽃길 갈 날이 가까움을 알지만
사랑하기에 연애편지를 씁니다

서두는 이렇게 쓸까 합니다
사랑하는 아니아니, 보고 싶은 보고 싶은
그보다 그리운 그대에게라고 쓰는 것이
좋을 것 같습니다

그리고 날씨 이야기로 쑥스러움을 달래 볼까 합니다
지금은 겨울이니까 춥다는 이야기와 함께
그대와 함께 있으면 따뜻하다는 속마음을 써 놓고

어깨 위에 내려앉은 별빛과
달빛과 그대와 함께 이 한밤에 날갯짓해봅니다
강을 건너고 산을 넘고 바다를 건너
행복 가득한 나라로 날아갑니다

한 번의 날갯짓에
별빛 가루가 流星되어 밤하늘을 수놓고
달빛은 은은한 빛으로 빛의 축제를 엽니다

두 번의 날갯짓에 그대는 발레리나가 되고
나는 발레리노가 되어 사랑의 춤을 춥니다

상상 속에서지만
그대와 나는 주인공이 되어
행복하게 산다고 하며 동화를 덮습니다

연애편지를 마무리하기도 전에
새벽 여명이
창가로 찾아 들어
잠들어 있던 생활 깨웁니다

편지지도 깨우고
볼펜도
밥상도 되고 책상도 되는
작은 상도 깨우기에
출근해야 하기에
연애편지를 마무리합니다

그래도
정성을 다해 써 내려갑니다
춥다고 감기 조심하시라고
밥때 되면 맛있게 식사하시라고
아프지 마시라고
안부를 적습니다

그리고 아주 작은 글씨로

사랑한다고 사랑해도 되냐고 적어봅니다
큰 글씨로 쓰고 싶지만
혹시 안 된다고 하실까 봐 봐도
못 본 척하실 정도로 작은 글씨로 쓰고

날짜를 쓰고
제 이름 석 자 쓰고
편지 봉투에 담아 출근길 우체통에
넣으려 준비합니다

아직은
연애편지를 쓰고 싶습니다
그대가 계시기에

그리고 또박또박 주소를 적어
우체국에 가서
우체국 대기실 의자에 앉아
보낼까 말까 백 번쯤 고민하고 싶습니다

사랑이니까요

답시

연애편지를 받고서

아 해

이 세상 어딘가에
나를 생각해주는 사람 있어
행복이 넝쿨째 굴러온 것 같은 기분입니다

깜빡 잠이 들어 눈을 떠보니
그대가 호두까기 인형이 되어서
손을 잡고 과자 나라로 여행을 가더군요
눈을 크게 떠 자세히 보니
호두까기 왕자가 당신이었습니다

'간절히 원하면 이루어진다'더니
꿈이 현실이 되었네요
우린 손을 잡고
강 건너
바다 건너
행복의 나라로 갑니다

당신과 내가 좋아하는 별빛을 바라보며
달빛 속에서 꽃의 왈츠를 멋지게 춥니다

말하지 않아도 당신 눈빛에 사랑이 어리고
당신의 손길이 보고 싶었다고 말합니다

길고 긴 인생길 돌아
이제 곁에 오신 임이여
그대와 함께 시베리아 횡단 열차를 타고
둘만의 여행을 떠나고 싶은 마음입니다

가도 가도 끝이 없는 그 길을
마주 보며 미래를 얘기하고 시를 쓰면서
커피 한 잔을 마시며
하루 해는 그렇게 저물어갈 것입니다

당신과 나 사이의 침묵은
차이코프스키 피아노 협주곡 1번의
위로를 받으며
커피 한 잔의 시와 노래를 부르며
그대의 눈동자를 가슴에 담아두렵니다

세상은 쉼 없이 돌아갈 것이고
사랑도 영원히 가슴에 박혀 있을 것이며
외로움의 공간에 고독이 찾아오면
가슴속의 추억을 꺼내 그대를 볼 것입니다
당신 생각이 날 때면 그때도 꺼내보렵니다

사랑할 때 외롭다는 것

아 해

누군가를 사랑하면
외로울 때가 있다
더 사랑하는 사람에게
외로움이 올 때가 있다

외로운 것을 알면서도
사랑을 멈출 수 없는 것은
사랑하기 때문이니
차라리 더 외로워지자

사랑해서 외로운 것이니
사랑 없이 외로운 것보다
사랑해서 아픈 게 낫다

받으려고 하는 사랑 말고
아낌없이 주는 사랑을 하면
사랑해도 외롭지 않다

어떡해요

솔 닮

줄 때 기쁘면
행복한 일이지만
줄 때 외로우면
안타까운 일입니다

어떡해요
지금 외로운 것은
가득한 사랑 때문인지
마음이 홀로 있어서인지
알 수가 없는 나를

송시

기다림은

솔 닮

사는 게 힘든 것은
기다림 없이 세월 보내는 것

힘들고 힘들어도
기다림 때문에 행복 가득한 것

약속은 안 했지만
기다림 때문에 행복해진다오

그대를 기다림은
행복해지는 지름길이라오

답시

그리움

아 해

보고픈 그대 얼굴
그리다 보니 어느새 내 곁에

둥그런 저 달처럼
보고픈 마음 둥실 떠오르네

오늘 밤 달빛 타고
그대 곁으로 한걸음에 가리

송시

삶

솔 닮

세상사 시끄러워
귀를 닫아도 이명은 남았네

세상사 부끄러워
눈을 감아도 비문증은 남고

말 않고 묵언 수행
말해 뭣 하나 답답한 인생아

안 듣고 보지 않고
말을 안 해도 돌아가는 세상

꿈에도 꿈꾼다오
살아보자고 좋은 날 오라고

내 임아 내 사람아
살아보자고, 좋은 날 올지니

그래요

아 해

그래요
살다 보면
빛을 보게 될
날도 있겠지요

힘내요
힘을 내요
내가 있어요
시우가 있어요

언제나
한결같이
그대 곁에서
응원을 한다오

송시

좋다요 연제지교

솔 담

연제지교 계시나니
봄날 봄꽃보다
소나기 내린 여름날 무지개보다

가을날엔
마당 멍석 낟알보다
겨울날 안방 아랫목보다

좋구려
좋은 게 좋은 것 말고
연제지교
시우님 계시나니 좋다요

내가 좋다오

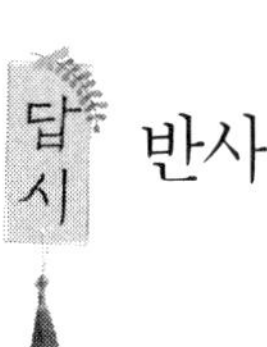

반사

아 해

말로 해서 무엇할까
말 하나 마나
연제지교니까
세상에 단 하나뿐이라

얼마나 소중하고 귀한 인연인지
말은 의미가 없다
존재 자체가 의미다

시우님의 글 그대로
마음 모두 그대로
나는 반사해서 보낸다
反射…

송시

그래서

솔 닮

살아온 날들의 인사가 안녕치 못합니다
아무도 모를 거라 했습니다
아프고 허무하다 합니다
살아온 날들이 말입니다

잘 산 것도 잘 못 산 것도 아닌데 말입니다
살아갈 날들이 살아온 날들에 질문하기를
왜 그렇게 살았냐고 그렇게 살지 말 걸 그랬다고
그래서 살아가야 할 날들에 미안하다고 하고
밤새 통곡으로 울었습니다

그래도 살아야 하겠기에
아파도 허무해도 참아봅니다
다행인 것은 그대가 내 편 되어
나를 나보다 잘 알아주시는 겁니다

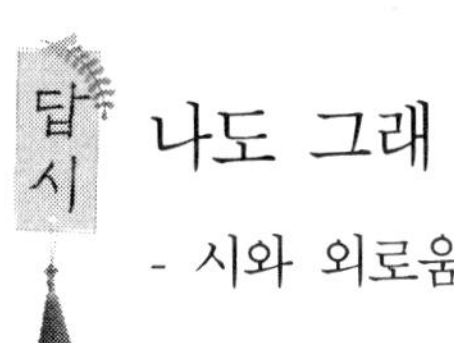

나도 그래

- 시와 외로움

아 해

저는 집도 차도 돈도 있어요

사랑 우정
있어요
그러나
사랑과 우정의 진정성을 알 수 없어요

마음은 공허하고
외로움은 친구처럼 같이하고
저는 행복할까요

외롭지 않으려고 시를 씁니다
행복하려고 시를 씁니다
그래도 외롭습니다
행복하지 않습니다

그냥 묵묵히 시를 씁니다
그대 생각으로요

우산의 품격(品格)

아 해

피의 비가 내린다
홀로 우산을 쓴 채 바라만 보는 한 사람
피의 비를 맞으며
우산을 바라만 보는 또 다른 한 사람

바라만 보고 있다
오래된 타인들처럼
좁혀지지 않는 사회적 거리가 있다

비가 내린다
우산 속으로 파고드는 군상
산처럼 말없이 품어 주는 우산 하나
우산은 하나로 충분했다
사랑으로 버무린 파라솔 우산이다

피의 비가 내리는 풍경

솔 닮

얼마나 아플까요
피가 비 되어 내리고

우산으로 받아내는 절망 하나
붉은 피 한 방울

좌절 하나
검붉은 피 한 방울

고통 하나
피 한 방울

우산은 핏빛으로 붉어지고
하늘은 점점 창백해지오
우산 받쳐 든 나의 두 손 같소
붉은 피 내린 창백한 하늘엔
하늘보다 더 창백한 달 하나 떠 있소

3부
사랑의 비가 오네요

송시

푸념

솔 닮

사랑도 돈도 그리움도
함께 있어야 살 수 있는데
오롯이 내 것으로 가질 수 없기에 슬프다오
그래서 살 수가 없구려
사는 동안 그 무엇 하나 내 것이었던 적이 없었기
푸념만 더 해가는구려

좋아도 죽고(좋아 죽겠어!)
배불러도 죽고(배불러 죽겠어!)
싫어도 배고파도 죽겠다고

욕심이 하늘을 찌르오
푸념이 땅을 뒤덮는구려
내 것 없는 세상에서

혼나겠소
혼이 날 것 같소
혼나도 싸다 하겠구려
혼내주소서

부질없어

아 해

심란한 마음의 혼돈
놓지 못하고 울어도 소용없어

놓지 못하는 사랑도
갖지 못한 돈도 소용없어
명예도 부질없어

놓으면 그만이고 버리면 편한 것을
놓지 못해 괴롭고 버리지 못해 아픈 것을

가지려 애쓰지 말아라
잡으려 부대끼지 말아라
세상 모든 것들 다 두고 갈 것들이니
온전히 내 것은 없음을

부질없다 내 욕심
부질없소
내 것이라고 갖은 것들…

송시

겨울 사랑

솔 닮

삭풍보다 더 쓸쓸하고 춥게 만드는
妙한 재주가 있는 너는
내겐 슬픔이다
사실은 사랑인데

〈화자의 변〉
일월 스무나흘 이른 설날 바람이 차다
겨울에 부는 바람이니 당연히 차가우리라
너는 차가울 리 없건만
왜 그리 차가운지
그래도 한때는 따스함 가득했다고
기억하는 이 가슴은 뭘까
다시 명지바람이 불까 싶다

사랑은 바람은 아니야

아 해

사람은
보고 싶은 데로 보고
듣고 싶은 데로 듣는데
모든 것은 마음먹기 나름이지
일체유심조(一切唯心造)

사랑은
신의가 바탕인 거야
의심하기 시작하면 끝이 없지
사랑한다면 믿어봐
사랑은 신뢰가 기본인 거야
신의가 깨지면 사랑도 끝인 거야

많이 힘들구나
겨울바람과 사랑은 별개야
네 곁에서 지켜보는 사람 있으니
아자 아자! 힘을 내자

답시

사랑의 비가 오네요

아 해

지금 여기는 비가 오네요
당신 있는 그곳에도 비가 오고 있나요
빗방울마다 당신 얼굴이 맺혀
내 가슴에 비가 되어 내려요
비가 오면
비가 되어 당신 곁에 내리고 싶어요
당신의 마음 깊은 곳으로 흠뻑 내리고 싶어요
비가 내 마음인 걸 당신이 알 수 있게요

보이나요
지금 내리는 비는 나의 그리움이에요
당신 곁에 함께하고 싶은 마음이
비가 되어 내리고 있어요
이 비는 밤새도록 내릴 거예요
사무치는 내 그리움이 사그라들 때까지
하염없이 내릴 거예요
나의 그리움에 당신이 젖어 들 때까지
쉬지 않고 내릴 거예요

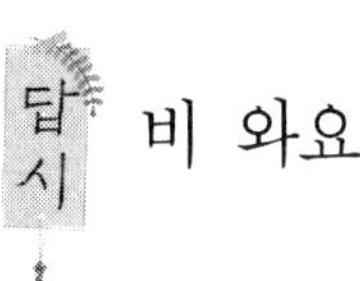

비 와요

솔 닮

빗방울마다 그대
빗소리마다 그리움
빗물마다 외로움

그대 그리움 외로움
차고 넘쳐나니
이제 그만 애태우게 내게로 오소서
오시는 발걸음 소리에
맨발로 뛰어나가 맞이하여
사랑가 목이 터지라 부르겠나이다

사랑해 사랑해요 사랑한다오
사랑하는구려 사랑하지
언제
지금, 이 순간
언제까지
지금, 이 순간까지

임의 바람

아 해

잠시 머물다가는 바람처럼
오는 듯 가는 당신

스쳐 지나는 바람은 많으나 님의 바람은 어디에
뜰에 나가 님의 바람을 기다리는 여린 마음 하나

임 향한 그리운 마음 허공에 산산이 흩날릴까
가을 자락에 고이 접어 가슴 깊숙이 묻어두고

바람 소리

솔 닮

바람 소리에 잠을 깨고
바람 소리 덕분에 긴 잠자리에 들어봅니다
고요와 적막이 무섭더니
바람 소리 내 임 오시는 소리 같더니
맘 편히 잠이 오더이다

기다림은 만남을 목적으로 하지 않아도 좋다는 홀로 서기 中
기다림은
만남의 약속이기에 만날 수 있다고 항변해보는 바보 입니다

하여 바람 소리 정겹더이다
바람과 함께 곧 임이 오실 듯하여

풋사랑 비빔밥

아 해

가을이 오면 생각나는 비빔밥
꼬~옥 먹고 싶은 비빔밥
설렘 가득한 너만의 풋사랑 비빔밥

단풍낙엽 뜯어다
이쁜 꽃송이 사알짝 뿌리고
뭉게구름 넓게 펴
산들바람으로 향 내고
고독 한 방울 똑 뿌리고
그리움 듬뿍듬뿍 뿌려
설레임으로 장식한 비빔밥

너와 나만의 설렘 가득 담긴
풋사랑 비빔밥

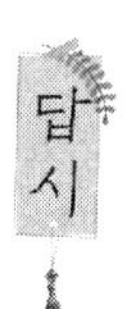

풋사랑 사랑 이바구

솔 닮

소꿉 사랑이외다
춘궁기 춘삼월 조팝꽃 이밥 같아
깨진 바가지 한가득 담아
여보 아침 자시고 일 나가
쌀 팔아 오시구려 내내 이뻐하리다

풋사랑은 가을날 이쁜 것 모두 모아 이쁘게 꾸미고
날 좀 봐주어요
그대 그립나니 보고 싶나니
그리울수록 고독한 맛이라니
풋사랑 비벼보자고요

정신 차려보니 사랑 너 어디 갔어
그리움만 남기고 고독만 남기고
이럴 줄 알았으면 풋사랑 말고
농익은 사랑 해볼걸

사랑 또 오면
완전히 잘 익은 사랑을 해볼까나

송시

그대 보고픈 날에

아 해

그대 보고픈 날이면
창가에 내리는 달그림자를 찾아서
달 속의 그대를 그려요

그리움으로 시를 쓰고
보고픔으로 노래를 하면
내 하루는
그리움 가득한 그대로 시작해요

고요 속에 잠든 밤하늘에
둥근 달이 떠오르면
달빛 따라 춤을 추고
보고픈 그대 그림자로 꿈을 꿔요

꿈속

솔 닮

꿈인가 했더니 꿈속이었다오
길인가 하였더니 길이 아니었구려
살다 보니 여기까지 왔나보이다

더 갈길 있는지
더 살날 있는지
더 꿈꿔볼 일 있는지

없다 없네 그려
있다면 그대가 계셔서일진대
그대가 없나니 역시나 꿈속이었구려

꿈 깨면 함께할 그대가 없을까 싶어
그냥저냥 꿈속에 있으려 하오

당신은 나의 뮤즈

아 해

당신을 처음 보았을 때
운명이 오는 것을 느꼈습니다
하나의 시가 되고 음악이 되는
홀로 빛나는 달 옆에 붙어 있는 별 하나
바로 당신입니다

창조의 기회를 주는 도도하게 빛나는 별
사소한 것도 특별하게 만들어주는 존재
영롱한 영감을 주는 내 안의 뮤즈
처음 보는 순간부터
당신이 나의 감동입니다

운명의 예감은 현실이 되고
신화를 만들어 낼 원천이 되어
내 영혼 깊숙이 들어와
나를 살게 하는
당신의 존재 자체가 나의 빛입니다

만약에 내게 뮤즈가 있다면

솔 닮

나의 뮤즈에게 오늘도 어제처럼
그대가 내게 계시나니 연서 한 장 보내는구려
삶의 승부는
살아남은 자가 이긴 거라 했다오
이기기 위해 얼마나 많이 힘들겠소
내가 힘드니 그대도 힘들 것으로 생각하오만
살아남으려 하니 말이외다

나는 오늘도 필사적으로 몸부림쳐본다오
우선 그리움으로부터 말이오
그대 그리움 말이오

또한 사랑으로부터 살아남기 위해
그대의 뮤즈가 보고 싶은 마음 가득하여
연서를 보낸다오

* 2021년 밤이 길다는 동짓날에

인연이라 하옵시면

솔 닮

인연이어서 다행이고
필연이나 악연이었으면 힘들었을 텐데 말이요
여기까지여서 다행이구려
이리될 줄 몰랐기에
알았다면 속상했을 거외다
모든 것이 다행이오만
내 속물근성이 얼마나 참을지 모르겠구려

울음이 나올지 미소가 나올지
아니면 울음웃음이 나올지
초심이 상처 되어
내 앞에 다시 서고
결국 다시 초심되어 가건만
그 많은 눈물과 미소를 어찌할지

어느 시인의 읊조림처럼
선착장 가서 물어볼까 싶소
인연이라 하옵시면 어찌하오리까

인연

아 해

떨어지는 한 방울의 물방울이 모여
바위를 뚫는 날이 오면 당신과 함께할 수 있을까요
한 방울의 물방울이 모여
바다가 되는 날이 오면
당신의 한쪽 날개가 될 수 있을까요
언제나 어디서나
항상 당신을 찾고 있는데
내 눈은 항상 당신을 쫓고 있는데
눈 뜨면 사라지고

내생이 없다는 것 알지만
이생에 허락되지 않는 사랑
내생에는 인연의 끈 놓지 않을 거예요

한 방울의 물방울이 모여
바다가 되는 날이 올 때에는
떨어지는 한 방울의 물방울이 모여
바위를 뚫는 날에는…

몸이 보내는 소리 perfect

아 해

몸이 보내는 소리를 모르고 지내다가
어느 한 곳이 고장이 나면
그때서야 몸에 고장 난 부분이
있다는 것을 깨닫는다

귀가 아프면 아프기 전까지는
귀가 있다는 사실을 잊고 지내는데
아프고 나면 비로소
몸에 귀가 있음을 안다

아프고 나서야 소중함을 아는 사람들
몸이 있음을 느끼기 전에
하나뿐인 몸을 아끼고 사랑을 하자

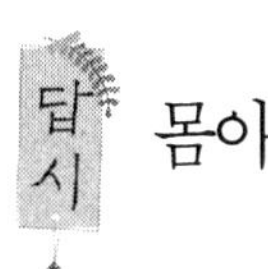

몸아

솔 닮

몸아, 천만년을 수행 정진하여 도가 텄다 하여도
너 없인 생각뿐이라
형체 없는 존재라
어느 하늘 아래 숨 쉴 수 있을까 싶다

몸아, 네가 내게 함께 있나니
생각도 마음도 실존이라
하여 아프지 말자
내가 애써 매일매일 칭찬하노니
오늘은 두 눈아 수고했구나
볼 거 다 보고 못 볼 것이랑 외면해주나니 고맙다
내일은 귀야 고생하고 애썼다
이명과 치열한 전투로 힘들었을 귀야 고맙다

몸아, 모레는 또 모레 맞는 수고로움을
나를 위해줄 몸에 감사하노라니 수고할 것임에 애썼다
내 이리도 아끼고 아끼나니 내 생각 마음과 함께
아프지 말고 사는 날까지 살아보자

욕심, 일체유심조(一切唯心造)

아 해

누르고 눌러도
차오르고

버리고 버려도
채워지고

모든 것은 마음먹기 나름
일체유심조(一切唯心造)라네

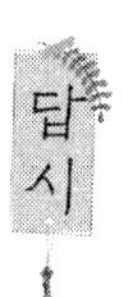

욕심, 과유불급(過猶不及)

솔 담

비울 수 있는 것이 있음이
버릴 수 있는 것이 있음이
욕심이라 하면 과유불급이라
누르고 눌러도 차오르거든
버리고 버려도 채워지거든
그 또한 숙명인 것을

누른다고 눌러지지 아니하고
버린다고 버려지지 아니하면
그 또한 내 것이니 어찌하오리까
욕심 아니라고 그저 그만큼만
이고 지고 살아야 한다고
그렇게 위로해봅니다

송시

딱 한 사람 · 1

아 해

그대
내 안을 가득 채우고
시절 인연이 맺어준 사랑으로
연에 실어 나를 보낸다
너 있는 어느 곳이라도

비가 내리는 날
바람 불어 마음 시린 날
눈이 오는 날이면 더욱 보고픈
딱 한 사람
내 가슴에 영원히 살아 있는 사람

아시나요
딱 한 사람이
바로 그대라는 거

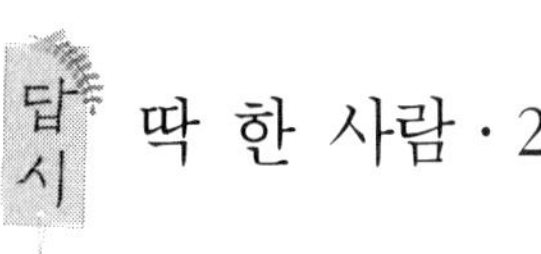

딱 한 사람 · 2

솔 담

내 편 하나 있었으면
더도 덜도 말고
딱 한 사람

내 편 하나 있다면
그대였으면
딱 한 사람

언제나 변함없이
그대 편인 내게
그대가 내 편이었으면

너 없으면

아 해

네가 없으면
의미가 없어
가슴 설레던 별도
행복으로 맞아 주던 커피도

그냥
별이고
커피일 뿐
의미가 없어
네가 없는 세상엔

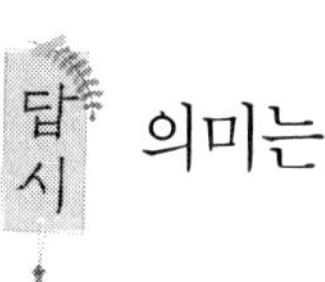

의미는

솔 담

시인은 이름을 불러
의미 가득한 꽃을 피웠고

독자는 꽃을 불러
시인의 의미를 찾고 화자를 공부하는데

나는 의미가 되고 싶은 나는
의미를 모르기에 그저 그냥 무의미다

오늘도 무의미는
소파 가장자리 구석으로 영혼을 내 던지고야 말았다

무릉도원

아 해

꿈인 듯 생시인 듯
지상낙원인 이곳에
도화(桃花) 만발하고
벌 나비 춤을 추는데
그리움은 하나이어라

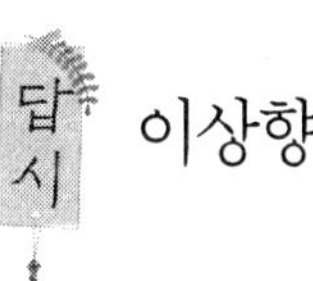

이상향

솔 담

그리움 하나
마주하여 두 손 마주 잡나니
꿈결인 듯 이상향이구려
고운 미소
바람결에 얼굴을 스치니
그대인 듯하여
깨어보니
아뿔싸 꿈이었구려

시우여
곱고 그리운 시향에 한참을 머물다 가외다

송시

삶의 무게

아 해

세월의 무게가
삶의 무게가
나에게만 특별히 더 무거우랴만

혹한(酷寒)을 겪는
인연을 만나면
삶의 무게는
내 마음의 번뇌만큼
고통의 바다가 되는 것을

세월의 무게는
흐르는 물과 같고
삶의 무게는 날씨 같아서
변덕스럽기가
놓지 못하는 번뇌의 무게와 같은 것을

내 마음속 삶의 무게는
무엇으로 잴 수 있으리오

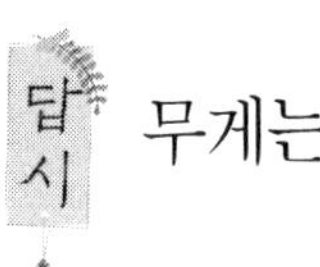

무게는

솔 닮

소년은 지게 가득 꼴을 베어 짊어졌다
고꾸라질 듯 휘청거리며
석양을 걸어 외양간으로 향했다
삶의 무게는 꼴 한 짐이었다

소녀는 물동이지게에 물 두 통을 짊어졌다
두 어깨가 무너질 듯 주저앉을 듯 힘겹게
새벽달을 밟으며 부엌으로 향했다
삶의 무게는 물 두 동이었다

세월은 흘러 소년은 아버지가 되고
소녀는 어머니가 됐지만
어깨에는 꼴지게보다 물동이 지게보다
무겁디무거운 삶의 무게를 지고 있었다

춘희

- 동백꽃 지다

아 해

사랑하고 사랑해서
시린 아픔에
붉게 애가 타는 동백꽃

기다리다 기다림에 지쳐
야윈 동백 아가씨
사랑하기에 놓을 수밖에 없는
순정의 동백꽃이여

사랑 때문에 넋을 잃고
'툭' 떨어지는 꽃잎
기다림에 멍들은 순정은
돌아오지 못하네

길고 긴 밤 눈물로 지새우며
기다림에 지쳐 잠든
동백꽃의 순정에
붉은 피를 돌게 해주오

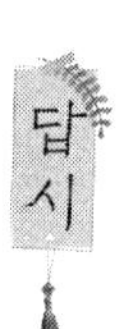

사랑이라서

솔 닮

사랑이라서
동백꽃이 피고 진다오
그것도 붉고 붉게

사랑이라서
이별도 그리움이라오
나 자신도 버릴 수 있지만
그댄 버릴 수 없다오

사랑이라서
열 가지 백 가지 용서되지만
단 한 가지 용서 못 하는 것
내게 그리움을 남기고 떠난 것이오

세월

아 해

달력 뜯기어 나가듯
한 장씩 떨어져 나가는 삶의 시간
안타깝지만 어찌하리오

잡아도 보고
애걸해봐도
냉정하게 돌아선 연인처럼

무심한 세월이여
돌아오지 않는 인생이여

달력

솔 닮

뜯기어진 자리에 찢어진 상처가 얼마나 아프겠소
칸칸이 기록된 삶의 흔적들은
추억으로 사라져 기억조차 무디게 하고
머릿속 어딘가의 생채기로 남겠지요

세월이란 달력도 삶도
생채기도 아픔도 지나가는 것이요
남아있지 않고

그저 남겨진 것은 뜯긴 달력과
늘어난 주름살과 한 시절의 영웅담뿐이라오

송시

겨울나무 · 1

아 해

겨울나무의
벌거벗은 모습이
나처럼

혹한의 추위에도
꿋꿋하게
나신을 드러낸
너처럼

산책길에서 만난
설레는 나목을
나인 듯
너인 듯
보듬어 안고 싶은 마음

오늘
문득 네가 보고프다

답시

겨울나무 · 2

솔 닮

서러웠다
벌거숭이 되어 겨울 보내는
나만 추운 줄 알았을 땐 그래도 괜찮았다
봄 오기를 한기를 참고 버티며
돌아본 벌판엔 너도 있었구나
너도 나처럼 네가 나인 듯
벌거숭이 되어 맞이하는 추위에
설움이 몰려왔다 무서웠다
마치 굶주린 사냥꾼처럼

참자, 언제인가 봄이 올 테고
고운 빛깔 옷 단장할 테니
그때 설움 버리고 우리 함께 보듬어 안아보자

나는 괜찮다
나 같은 너는 춥지 마라 춥지 마라
초록 연두 고운 빛깔 옷 입고

송시

두향의 사랑 · 1

아 해

너를 그리는 마음
홀로 견디는 붉은 꽃잎 하나

세월이 가도 삭풍이 불어도
사랑하는 마음 멈추지 않고

저 멀리 너를 놓지 못해
그리움은 사랑을 초월하고

너는 내 안에 피안의 땅을 만든다
사랑하는 너를 그리며

* 두향은 : 퇴계 이황을 사랑한 기생, 퇴계 이황을 연모하다 퇴계가 죽자 남한강 강선대에서 몸을 던져 생을 마감함

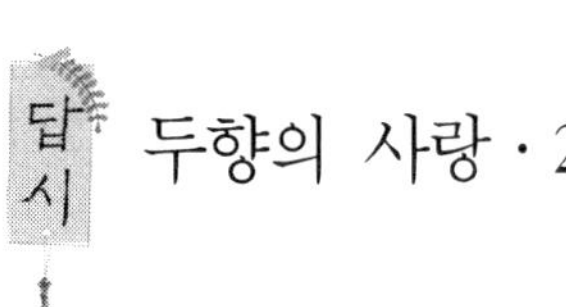

두향의 사랑 · 2

솔 닮

무엇이오 당신의 사랑은
이름 닮아 향기를 닫듯이
목숨이 사랑이고 사랑이 목숨인 것이라
이름처럼 사랑 끝났으니 목숨도 닫은 것이오
연모하시는 임 황천 건너가셨다 하여
강선대 아래가 황천인 줄 알았나 보구려
사랑이 목숨처럼 중한 것을
그대의 연모 정으로 배웁니다

이내 맘이 그렇게 배운 사랑을 하노라니
어찌 두향과 다를이 있겠소

* 강선대 : 강선대 아래로 강이 있음

4부
바람이 분다

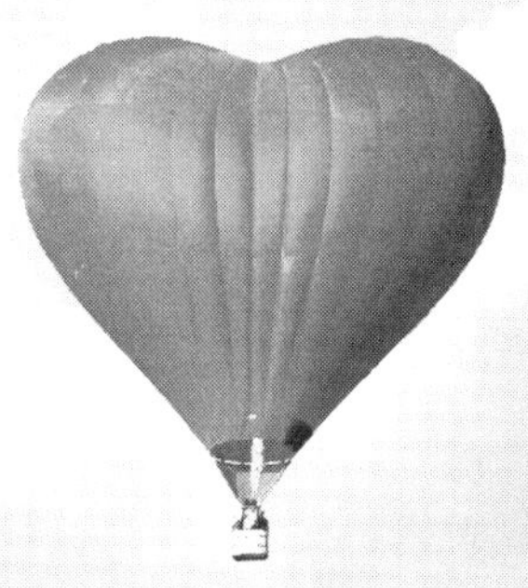

송시

인연 · 4

아 해

멀고 험한 생을 흐르다
어느 한점에서 만난 인연

한 점에서 또 다른 생으로 가버린
너의 영혼

간절한 사랑은 별이 되어 반짝이고
별은 그리움을 남기고

은하엔
너 없이 별만 떠돌고

너 없이 살아가는 날들
인연이 멀어진다

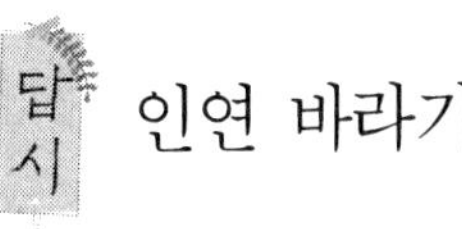

인연 바라기

솔 닮

인연의 끝자락
손에 꼭 잡고 있어 보렵니다
인연이 싫다 하여
끝자락을 떼어 낸다면
슬픈 조각조각마다
한이라도 새겨 놓으리다

먼 훗날 그리운 인연이 싹틔워
해바라기처럼 꽃 피면
나도 인연배라기로 꽃피어
그댈 바라볼 겁니다
그때 누군가 애달프고 그리움 가득 찬 눈빛으로
그댈 바라보면 나인 줄 아시어
한 번쯤 보듬어 주소서

송시

봄, 그대는

아 해

봄이 올 듯 말듯
밀당을 하는 중

그래도
한 발씩 한 발씩
다가오고 있어
수줍은 새색시처럼

봄은
그렇게 오고 있는데
그리운 그대는
어디쯤 오고 있을까

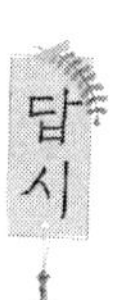

봄, 그리고 그대

솔 담

봄님
그만 애태우소서
이내 맘 다 태우거든 오실래요

한 발씩 한 발씩이시라면
애간장이 끊어지는구려
이왕이면 성큼성큼 오소서

봄님은 성큼성큼 오라 했으니
그대는 뛰어오시오
걷지 마시고

거친 숨 고르실 때
붉은 동배 꽃잎 띄어
동백 합환주 한 잔 내어 드리리다

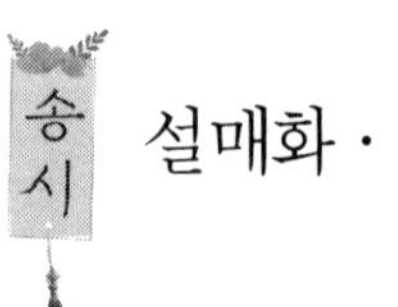

설매화 · 1

아 해

썰매화를 피우기 위해
흘렸을 눈물의 날들이 쌓이고

차가운 바람을 안고
송죽의 굳은 절대로 피어난 꽃

설야의 달빛에
홀로 그윽한 매화의 향기여

설매화 · 2

솔 닮

억만 겁의 세월 갔더냐
천만년 시간이 흘렀더냐

긴긴밤 세상 온갖 그리움 씨앗 삼고
피보다 붉은 사랑 꽃피웠나니

사랑이 그리움이 죄더냐
초봄 뒤늦은 서설향 아래 매화꽃일세

송시

바람이 분다 · 1

아 해

사랑이라서 사랑하기에
아픈 사랑이라서
서글픈 사랑이라서

혼자만이 안고 가는 사랑이
가슴안에서 홀로 지켜 내는 사랑이
그 사랑이 울고 있네요

얼굴도 기억에서 멀어지고
함께 했던 거리마저 사라지고
나 혼자만이 고이 간직해 온 사랑

우연히 만나기를 바라면서
너를 놓지 못하는
너로부터 멀어지지 못하는 그리움에
내 가슴엔 바람이 분다

오늘도
너에게서 멀어지지 못하는 사랑 때문에

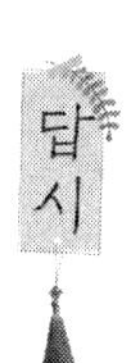

바람이 분다 · 2

솔 담

분명 바람이 불었어
나비효과였을까

너의 바람이
내게 사랑이라고 왔네

나의 바람도 불어
네게 사랑이라고 할 거야

멀어질 수 없는 바람이 불어왔어.
사랑 담은 나비 날개가 나풀나풀 날갯짓하더니

사랑이 왔어
사랑이 왔다니까

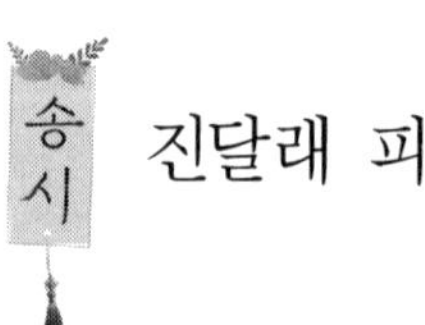

진달래 피면

아 해

진달래 피면
연지 곤지 화장한
진달래 화전으로 입맞춤하고

진달래로 술을 담가
그리움을 마시면
분홍빛 설레임은 애간장을 녹이고

진달래 피면
오신다던 임
수줍은 분홍빛 얼굴 보러오시겠지

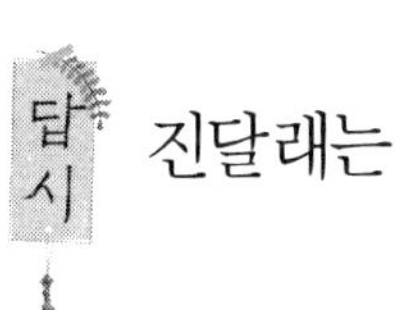

진달래는

솔 닮

진달래는 소월 시인님 시어처럼
나보기가 역겨워 가실 때
즈려밟는 꽃이 아니더이다

조용하지만 요란하게 날 좀 봐주세요
연분홍 고운 사랑으로 봐주세요
이렇게 기다리고 있잖아요

기다림의 진달래
그래서 한참을 봤죠
갑자기 그리움이 터졌습니다
눈물과 함께

진달래는
그리움을 불러 모았습니다
눈물과 함께

송시

꼴딱

솔 닮

꼴딱 밤을 새웠소
숨은 꼴딱 넘어가지 않았다오
숨은 꼴딱 아니 되겠기에
침만 꼴딱 삼키었소
고운 사랑에
꼴딱 아니 홀딱 반해버린 이 밤

못다 한 잠이 하나도 아깝지 않았다오
그대 생각에

밤새

솔 닮

임이시여

난 밤새
사랑과 불면과 이명에 대하여
일탈을 꿈꿨소

비록 정답은 찾지 못하고
그대에게 짧으나마
연서를 보내야겠다는 생각이 들었소

밤새

송시

개소詩 · 1

솔 닮

개나 소나
시를 쓰오

개가 쓰니
개시요
(장사 개시 개시요)

소가 쓰니
소시요
(소시오 패스요)

내가 쓰니
개나 소나 쓰는 개소시요

오늘은
개소시에 소주나 한 잔 하려 하오
(용서하시오)

개소詩 · 2

아 해

오늘은 개가 되어서
개시[犬詩]를 쓴다

내일은 소가 되어 보련다
소시[牛詩]를 써야지

나는야 개소시를 쓴다
오늘은 개소를 쓰는 시인

설마, 내일은…
내일의 태양이 뜨겠지

송시

연락 두절 시우님에게

아 해

내 임도 아니고
낭군도 아니지만
시우가 무척 걱정되오

바쁜가 보다
바쁘려니 했는데
시간이 흘러가고 세월이 되니
걱정이 근심이 되오

아프지 마시고
할 일이 넘쳐
그저 바쁜 것이길 바라오

난생처음
시우라는 인연을 만나
대시(對詩)를 주고받는 호사를 누렸으니
시우에게
감사하고 또 감사할 뿐이오

하늘이시여
별일 없게 해주소서
별 거인 시우님이
별 탈 없이 시의 밭에서
재치 넘치는 대시를 올리게 하소서

시우님의 대시를
별일 없다는 메시지 한 줄을
기다리고 또 기다리니
기쁜 소식 전해주길 기도하나이다

무소식이 희소식이어라

아 해

어둠 속에 홀로 있는 것처럼
한 줄의 소식도 없는
무통의 날들이 먼지처럼 쌓여
괜찮다
별일 없다
마음 달래며 헤아릴 수 없는 날들이 가고

이제나
저제나 소식 올 날 기다리고 기다리니
망부석 같은 마음에 몸마저 굳어가네
기다림 외에 방도가 없으니
설움을 모두 토해내어
흐르는 구름에 물어보니
구름마저 모른다고 하네

걱정으로 답답한 이내 마음
그대는 아시려나
나의 기도 들으시어
마음의 빈들에 번민을 내려놓고

소소한 일상으로 돌아가길 기도하나니
내 작은 기도 그대에게 전해주소서

송시

참숯

아 해

참숯의 매력은
다 태워버리는 것에 있다
한 톨의 마음도 없이 빈 가슴이 되는 것

손이 닳도록 빌고 빌어
정염마저 다 태워 버린 허공이 되는 것

빈 공간으로
고독한 독백으로
무념무상의 숯이 되는 것이
참숯의 길
참숯의 삶이요
참숯에게 나무는 없다

의미

솔 닮

태워서 연기와 잿가루가 아닌
뭐라도 될 수 있는
너는 세상 가장 행복한 의미다

네가 부러운 나는
무의미 가득한 재라도 되려는 것은
의미 하나라도 잡고 싶은
욕망의 불덩어리이다

식어서 무엇이 될지 모르지만
의미 가득한 네 곁에 있는 나는
잠시 잠깐 의미에 물들어 본다

네가 있어 좋다

송시

눈물

솔 닮

어둠으로 채색된
조용한 밤이야

시선이 머무는 곳마다
너를 초대했어

눈이 말썽인지
희뿌옇게 보여 네 모습이

눈물 때문인가 봐 희미하게 보여
울지는 않았거든

하얗게 미소 짓던 네가
보고 싶은 밤 눈물은 왜 날까
울지도 않는데

답시

울지 마라

아 해

울지 마라
울지 마라 친구여
그대가 울면 내 마음도 아프다
놓지 못하는 사랑 놓지 못하는 그리움
놓지 못하는 우정이 있어 아파도 살아간다
아프더라도 사랑 있어
우정 있어 그리움 있어 하루하루 살아진다
인연이 시절 인연을 만나 운명이 되려나 보다
참으로 삶은 사랑만큼이나 묘하고 알 수 없다
울지 마라
나이가 들어갈수록 눈물샘도 깊어진다
눈물 글썽이며 서러움이 스칠 때가 많더라
인생사 그렇고 그렇지
별거 없더라
삶의 여백을 갖고 하루를 꽉 채워 살아가자

사랑의 서약

솔 닮

그곳의 마중물은
운명과 같은 당신이십니다

우리가 가는 길에
물꼬를 터서 사랑길 만들고

사랑이 가득 차서
물길을 따라 바다로 갑니다

그날에 너와 나는
영원한 삶을 함께할 겁니다

마중물 사랑

아 해

사랑은 마중물로
시작되어서 물길이 되었네

미미한 우정에서
마음 가득한 사랑이 되었네

서로의 손을 잡고
한마음 되어 바다로 간다네

시향의 바다에서
하나 되어서 노닐고 있다네

송시

짝사랑

솔 담

오늘도 훔친 것은
행복 가득한 짝사랑이었다

바람이 부는 대로
물 흐른 대로 가는 사랑이다

가다가 멈춰 서면
여기까지가 인연이로구나

집착의 굴레 벗고
혼자서 하는 도둑 같은 사랑

외사랑

아 해

속 편한 사랑이라
생각하지만 아픈 사랑이다

혼자의 사랑이라
말도 못 하는 벙어리 냉가슴

순리를 따르지만
영혼을 어찌 거부할 수 있나

흐르는 물길 따라
바람결 따라 사랑도 흐른다

이번에는

솔 닮

그대가 변했다고
투정 같은 것 하지 않겠어요.

첫 맘과 같지 않고
달라진 것은 제 탓일 겁니다

세월도 변하는데
이녁 생각도 당연히 변해요

그래도 이번에는
함께 해줘요, 마지막 여행을

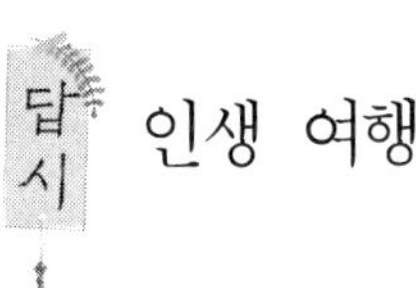

인생 여행

아 해

그렇게 쉽게 변할
인연이라면 맺지도 않지요

첫 맘이 끝 맘이니
재미없다고 넋두리 마셔요

세월은 변하지만
나의 마음은 변함이 없다오

그대의 요청이면
지구 끝까지 갈 수 있답니다

송시

선인장

솔 닮

마실 물이 없다고 했소
잎이 가시가 되었다오
손으로 가까이하기 힘드오

마실 사랑도 없다고 했소
고독 가득한 외로운 별이 되었다오
마음이 가까이하기 힘드오

어찌 버티며 살라 하는지
어찌어찌 버티며 살아가는지
가시 돋친 세상이구려

가시(thorn)

아 해

그리운 너와 나는
만날 수 없는
슬픈 인연이라

아픔은 풍선처럼
부풀어 올라
허공을 떠도네

미움은 커져가고
미련만 남아
슬픔은 커지고

놓지도 만나지도
못하는 너는
통증이 된 가시

타박

솔 닮

집밥이 맛있다고 했더니
영혼 없는 칭찬은 하지 말 것이라고 타박

아침에 잘 잤냐 물었더니
어젯밤에 기분 나쁜 일 있냐고
말투가 맘에 안 든다고 타박

친구들 모임 다녀와서는
남편 자랑할 것이 하나도 없어서
꿀 먹은 벙어리가 되었다고 타박

나이가 환갑임에도
본인 명의로 집 한 칸 풀 한 포기 꽂을
부동산이 없다고 타박

아들 녀석들 맘에 안 드는 행동 하면
아빠 닮아서 저런다고 타박

타박 풍년입니다

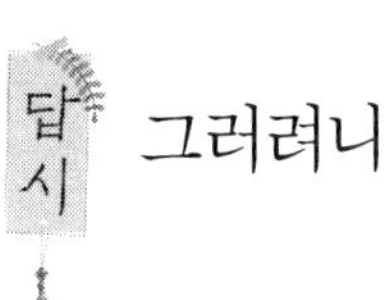

그러려니

아 해

시우님이시여
너무 맘에 두지 말아요
나 아닌 타인(?)의 말에 상심하지 마요
삶이 녹록지 않아서 그렇습니다
2023년 우리의 상황은 쉽지 않아요
하늘 높은 줄 모르는 물가에
삶의 등은 휘어져 펴지는 것을 잊었네요
열심히 최선을 다하는 것을 아는 이
한 사람이라도 있으니 그냥 흘리셔요
타박한다고 달라질 것 없는데….
그래서 삶이 슬퍼지는 까닭입니다
더 이상 물러설 곳 없는 인생 후반전
각자 원하는 것 아낌없이 하고 살아야 할 때

송시

편지를 썼어요

솔 닮

그대 임께 편지를 쓴다오

나의 일들과 그대의 일들
메타버스(Metaverse)에서의 일들
그리고 현실에서의 일들을 주워 담아
고운 향 얹어 멋들어진 상을 내어놓고 싶구려

추억을 진실을
어여쁜 그릇에 담아
진솔한 소스와 양념을 섞어 내어놓으리다
상은 어떤 상으로 하오리까
소반 상으로 잔칫상으로

나의 일들을 내어놓을 상의 이름을 붙였소
첫 번째 상은 정식으로 애틋한 그리움을 담아
사월당사월재(思月堂思月齋)
두 번째 상은 멋진 후식으로 마음도 쉬어 갈 수 있는
심유당심유재(心留堂心留齋)

만약에 한 상 더 내어놓는다면
세 번째 상이 되겠구려
맛집 기다림의 멋진 여유를
메타버스를 타고 흐르는 연제지교에게

이렇게 이렇게 하고 싶다오

* 추신
그대에게 드릴 상이요
이름을 달리하고 싶으시다면
근간 연락해주시구려

편지를 잘 받았다오

아 해

사월당사월재(思月堂思月齋)
심유당심유재(心留堂心留齋)
메타버스를 타고 흐르는
연제지교에게

그리움의 상
휴식의 상
기다림의 여유를 주는 상

위의 3가지 중에서
세 번째 상인 기다림의 여유를 주는
'메타버스를 타고 흐르는
연제지교에게'가
마음에 든다오

그대가 주는 상이라면
뭐든지 다 좋고 좋을시고
그중의 최고는 안성맞춤인
'메타버스를 타고 흐르는

연제지교에게로'가 좋다오

부디 평온한 나날 보내시오

송시

시의 열반

솔 담

그리하지요
시향과 연제지교가 있으니
얼마나 행복한지요

논어의 학이편에 공자가 말씀하시되

1. 학이시습지 불역열호(學而時習之 不亦說乎)
배우고 때로 익히면 또한 기쁘지 아니하냐

2. 유붕자원방래 불역낙호(有朋自遠方來 不亦樂乎)
벗이 있어 먼 곳으로부터 찾아오면 또한 즐겁지 아니하냐

3. 인부지이불온 불역군자호(人不知而不慍 不亦君子乎)
사람이 알아주지 않아도 화를 내지 않으면 또한 군자가 아니냐

여기에서 4번을 감히 추가해 보는구려

4. 시향만리연제교우 불역락호(詩香萬里緣醍交友 不亦樂乎)

시의 향기가 있고 교우할 벗 연제가 있으니 그 또한 즐겁지 아니한가

기쁜 감개무량이올시다

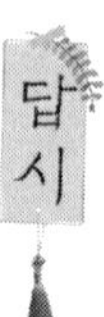

연제지교여, 시의 열반으로 떠나자!

아 해

시우님과의 인연에 감읍합니다

만 리를 가는 시향에
영원히 함께할 연제지교의 연이 있어
제 하루는 기쁨으로 충만합니다

전생에 나라를 구했을까요
어떻게 고운 인연을 만나서 향기로운 시를
짓게 되었는지 고맙고 감사합니다

만날 것은 만나고
떠날 것은 아무리 잡아도 떠난다는
시절 인연을 연제지교에서 느끼고 있습니다

학이시습지 불역열호(學而時習之 不亦說乎)
유붕자원방래 불역낙호(有朋自遠方來 不亦樂乎)
인부지이불온 불역군자호(人不知而不慍 不亦君子乎)
시향만리연제교우 불역락호(詩香萬里緣醍交友 不亦樂乎)

우연처럼 만난 시
인연처럼 다가온 緣醍之交
인연으로 와서 운명이 될 '시의 涅槃에'로
시우님의 손을 잡고 한 발씩 걸어가 봅니나

緣醍之交의 인연으로
시의 涅槃에 들어가 봅시다

아해 & 솔닮 송시답시집

연제지교(緣醍之交)

당신을 위한 현(絃)의 노래

초판발행일 2023년 6월 10일

지은이 : 아해 & 솔닮
펴낸곳 : 도서출판 문학공원
발행인 : 김순진
편집장 : 전하라
디자인 : 김초롱
등　록 : 2004년 3월 9일 제6-706호
주　소 : (우편번호 03382)서울 은평구 통일로 633
녹번오피스텔 501동 302호 스토리문학사
전　화 : 02-2234-1666
팩　스 : 02-2236-1666
홈페이지 : https://blog.naver.com/ksj5562
이메일 : 4615562@hanmail.net

※ 잘못된 책은 교환해 드립니다.
※ 책값은 뒤표지에 있습니다.